AF336075

TABLE

DES
EDITS, DECLARATIONS,
ORDONNANCES, ARRESTS
ET REGLEMENS

CONCERNANT

LES DOMAINES ET DROITS Y JOINTS.

Rendus pendant la cinquiéme année du Bail
de Me PIERRE CARLIER.

Commencée le premier Octobre 1730. & finie le dernier
Septembre 1731.

A PARIS,

Chez PIERRE PRAULT, Imprimeur des Fermes du Roy, Quay de Gesvres, au Paradis.

M. DCC. XXXIV.

TABLE

DES

EDITS, DECLARATIONS,

ARRESTS ET REGLEMENS

RENDUS pendant la cinquiéme année du Bail
de M^e. PIERRE CARLIER.

Commencée le premier Octobre 1730. *& finie le dernier
Septembre* 1731.

CONCERNANT les Domaines de France, Controlle des Actes
des Notaires, Petits Scels, Insinuations Laïques, Centiéme
Denier, Controlle des Exploits, Greffes, Amortissemens,
Francs-Fiefs & nouveaux Acquets, & Droits réservés dans
les Cours & Jurisdictions par les Edits des mois d'Août 1716.
Janvier & Novembre 1717. & rétablis par la Déclaration
du 15. Mai 1722.

Du 17. Octobre 1730.

ARREST du Conseil, qui ordonne qu'à la diligence de Me Pierre Carlier Adjudicataire General
des Domaines & autres Fermes-Unies de Sa Majesté, il sera par le sieur Intendant & Commissaire
départi en la Generalité de Bourges, procedé, après les publica-

DOMAINES.   A

tions ordinaires & accoûtumées, à l'adjudication au plus offrant & dernier encherisseur, de la Ferme des Domaines de Bourges & Dun-le-Roi, circonstances & dépendances, tels & ainsi qu'ils ont été engagés par les Contrats des 7. Avril 1645. & 4. Avril 1675. & qu'ils sont échûs à la Dame Princesse de Conty par le sixiéme Lot du partage des biens de la succession de Loüis Duc de Bourbon, du 17. Septembre 1727. & ce pour cinq années, à commencer du premier Janvier 1728. jusqu'au dernier Decembre 1732. datte de l'expiration du Bail dudit Carlier, pour être le prix de l'adjudication de ladite Ferme, payé audit Carlier, lequel sera tenu d'en compter à Sa Majesté, outre & par dessus le prix dudit Bail General des Fermes-Unies ; & veut que les Fermiers particuliers & autres, qui ont reçu quelques droits ou revenus faisant partie desdits Domaines de Bourges, pour les années commencées audit jour premier Janvier 1728. soyent tenus de payer ce qu'ils doivent du prix de leurs Baux & du produit de leur Recette des Droits desdits Domaines, ès mains de l'Adjudicataire de ladite Ferme, à quoi faire ils seront contraints comme pour les deniers & affaires du Roi, &c.

Du 24. Octobre 1730.

* Arrest du Conseil, qui ordonne que les Reglemens concernant la perception du Droit de Centiéme denier, seront executés selon leur forme & teneur ; en consequence, condamne le sieur Legras du Luart, solidairement avec les Commissaires aux Saisies Réelles, établis à Paris, à payer à Pancrace Bauvat Fermier des Domaines, Controlle des Actes & autres Droits y joints de la Generalité de Tours, ses Preposés & Commis, la somme de six cent douze livres, pour le Centiéme Denier, & quatre sols pour livre de la Terre de Bouer & ses dépendances, dûe par les heritiers du feu sieur Baron du Sein, & ledit sieur Legras du Luart personnellement, à payer pareille somme de six cent douze livres, pour raison de l'acquisition par lui faite de ladite Terre, desdits heritiers, quoique venduë par Décret, au payement desquelles sommes ledit sieur Legras du Luart & les Commissaires aux Sai-

sies Réelles, seront contraints chacun pour ce qui les concerne par toutes voyes dûs & raisonnables; quoi faisant ils en demeureront bien & valablement déchargés , &c.

Du 14. Novembre 1730.

*   Arrest du Grand Conseil , concernant les Fours Bannaux de la Ville de Nogent sur Seine ; qui ordonne que l'Arrêt du Conseil du 30. Mars 1701, & autres rendus en consequence , seront executés selon leur sorme & teneur : Ce faisant , qu'à la premiere sommation qui sera faite aux particuliers qui ont des Fours en leurs Maisons , ils seront tenus de les démolir ou faire démolir, sinon permet aux Superieure, Religieuses & Communauté de la Maison Royale de Saint Loüis établie à Saint Cyr, de les faire démolir, conformément ausdits Arrests; à l'effet de quoi ordonne que lesdits particuliers seront tenus d'ouvrir les portes de leurs Maisons , sinon qu'ouverture en sera faite par Serruriers, Maréchaux ou autres, en présence d'un Officier de la Maréchaussée; fait défenses à tous les habitans de ladite Ville & Fauxbourgs , en general ou en particulier, d'user d'aucune violence , ni de faire aucune rebellion, sédition ou émotion populaire , ni autres voyes de fait , ni de reconstruire les Fours qui ont été ou seront démolis en vertu desdits Arrests , à peine d'être poursuivis extraordinairement comme rébelles à Justice; & cependant fait défenses aux parties de se pourvoir pour raison de ce que dessus , circonstances & dépendances, ailleurs qu'au Grand Conseil ; & à tous Juges d'en connoître , à peine de nullité , cassation de procedures , quinze cent livres d'amende , dépens , dommages & intérêts , &c.

Du 21. Novembre 1730.

Arrest du Conseil , portant qu'il sera procedé annuellement en la maniere accoutumée , en présence du Receveur du Domaine, à l'arrêté & fixation du cop des Rentes de l'Espier de Bergues, en faisant la déduction du quart d'ancienneté sur la Raziere du Marché de ladite Ville de Bergues , conformément à l'ancien Reglement de la Chambre des Comptes de Lille, & les autres déductions telles qu'elles sont réglées par les Arrêts du Conseil des 6. Août & 8. Novembre 1701. ordonne que les redevables de l'Espier de la Chastellenie de Bailleul, seront tenus de payer les redevances de l'Espier sur le pied du cop des grains qui se prend en Bergues, en déduisant sur icelui les moderations portées par lesdits Arrests des 6. Aoust & 8. Novembre 1701. & une sixiéme part seulement sur le prix de la Raziere de ladite Ville de Bergues ; le tout ainsi qu'il s'est pratiqué avant l'Arrest du Conseil du 11. Decembre 1725.

Du 5. Decembre 1730.

* Arrest du Conseil, qui fait très-expresses, inhibitions & défenses aux Receveurs & Controlleurs Generaux des Domaines, de faire aucunes poursuites pour l'ensaisinement ou enregistrement ordonnés par les Edits des mois de Decembre 1701. & Decembre 1727. Déclarations & Arrêts rendus en consequence, & d'en exiger les Droits d'ensaisinement ou enregistremens & de Controlle d'iceux, que dans l'étenduë des terres qui sont constamment & notoirement du Domaine de Sa Majesté, par Elle possedées ou engagées, à peine de restitution du quadruple des Droits qu'ils auront reçus, dont la peine ne pourra être remise ni moderée, sauf à eux d'informer le sieur Controlleur General des Finances, des usurpations faites sur ledit Domaine, pour y être pourvû ainsi que Sa Majesté le jugera à propos ; & en cas que les Terres soient déclarées Domaniales, à poursuivre par eux les Vassaux & Censitaires desdites Terres, pour satisfaire aux ensaisinemens ou enregistremens & controlle d'iceux, & pour en payer les droits ainsi qu'il est porté par lesdits Edits, Declarations & Reglemens, &c.

Du 7. Decembre 1730.

* Instructions aux Commis & Gardes établis dans le Clermontois, pour la Regie de la Ferme Generale des Domaines & dépendances, & pour celle du Tabac, Controlle des Exploits, Formules & autres Droits.

Du 12. Decembre 1730.

Arrest du Conseil, qui déboute Charles Yvon Sous-Fermier des Amortissemens & autres Droits y joints dans la Generalité de Paris, de sa demande; & ayant aucunement égard à celle des Prieur, Religieux & Convent des Carmes Déchaussés à Paris, ordonne que les Lettres d'Amortissemens accordées ausdits Carmes au mois d'Aoust 1719. seront executées selon leur forme & teneur; & conformément à icelles déclare amorties les deux Maisons occupées présentement par le Sr de Baune & par le Sr de Rottembourg; ensemble celle que lesd. Carmes font bâtir actuellement sur le terrain compris dans le Plan annexé ausd. Lettres d'Amortissemens; & en consequence décharge lesdits Carmes des Droits d'Amortissemens à eux demandés par ledit Yvon, pour raison desdites trois Maisons; déclare pareillement amortie la Maison acquise par lesdits Religieux & comprise dans ledit Plan; & ordonne néanmoins qu'ils seront tenus de payer lesdits Droits d'Amortissemens des Bâtimens qu'ils pourront faire construire dans la suite sur ledit Terrain, sans qu'en aucun cas & sous quelque prétexte que ce soit, ils puissent rien repeter contre Antoine Petit, cy-devant Sous-Fermier desdits Droits d'Amortissemens de ladite Generalité de Paris & ses Cautions, &c.

Du 19. Decembre 1730.

Arrest du Conseil, qui liquide à la somme de trente-six mille trois cens quatorze livres trois sols huit deniers, les indemnités dûës à Laurent Hazard Sous-Fermier des Domaines de Flandres, pour les années 1727. & 1728. à cause des moderations accordées aux redevables des Espiers, en execution des Arrêts du Conseil des 6. Août & 8. Novembre 1701. de laquelle somme de trente-six mille trois cens quatorze livres trois sols huit deniers, il sera tenu compte par Pierre Carlier Fermier General audit Laurent Hazard, sur le prix de sa Sousferme, & audit Carlier par Sa Majesté, en vertu dudit Arrest.

Du 19. Decembre 1730.

*. Arrest du Conseil, par lequel Sa Majesté évoque à Elle & à son Conseil toutes les contestations au sujet de la joüissance des places, boutiques & échopes des Halles, Places & Marchés de Paris, détaillées audit Arrest, tant entre les particuliers qui les occupent, qu'entre les sieurs Alaric, Hurtaud, Moireaux, Gohory, Alienataires de Sa Majesté à titre d'engagement & à faculté de rachapt perpetuel, & tous autres en quelques Cours & Jurisdictions qu'elles ayent été portées, & les renvoye devant le sieur Lieutenant General de Police à Paris, pour y être jugées, sauf l'appel au Conseil.

Du 30. Janvier 1731.

* Declaration du Roi, *registrée en la Chambre des Comptes le 9. Mars* 1731. Qui ordonne que les Receveurs Generaux des Domaines & Bois, compteront par bref état au sieur Biberon de Cormery, chargé par Edit de Juillet 1715. du Recouvrement des quatorze deniers pour livre, tant des bois du Roi, que de ceux des Communautés Ecclesiastiques & Laïques, du produit desdits droits; prescrit la forme desdits Comptes, & de celui qu'en doit rendre le sieur Biberon, *contenant six articles.*

Du 30. Janvier 1731.

*. Arrest du Conseil, qui ordonne que l'Edit d'Octobre 1705. & Arrests des 27. Avril 1706. & 29. Decembre 1716. seront executés selon leur forme & teneur; en consequence, & pour les contraventions commises ausdits Reglemens par les nommés Mallet Hôtelier à Paris, & Duval Huissier de la Chambre des Comptes; les condamne en trois cens livres d'amende chacun, outre la restitution des droits de Controlle d'un Acte sous signature privée, du 24. Aoust 1730. Ordonne en outre, que l'exploit du 10. Janvier 1731. demeurera nul & de nul effet, & ledit Duval interdit de toutes ses fonctions jusqu'au parfait payement de l'amende qui le concerne.

Du 30. Janvie 1731.

Arrest du Conseil, qui autorise Nicolas Desboves & ses cautions à passer un nouveau Bail à Nicolas Terrier, actuellement Fermier de la Terre & Marquisat de Belle-Isle en Bretagne, ses circonstances & dépendances, pour neuf années, à commencer du premier Janvier 1733. moyenant le prix & somme de 32500. livres par chacune desdites neuf années, & aux autres clauses & conditions de l'adjudication qui a été faite audit Terrier le 31. Juillet mil sept cent vingt-huit, à la charge par ledit Terrier, de ne passer les Baux des Métairies dépendantes de ladite Terre qu'avec quelqu'augmentation du prix, ou au moins sur le pied des prix actuels, & de donner bonne & suffisante caution, tant pour le payement du prix dudit Bail, que pour l'execution des autres charges, clauses & conditions énoncées en ladite adjudication, lesquelles seront rappellées & stipulées dans ledit Bail qui en sera passé audit Terrier par ledit Desboves & ses cautions, ausquels le prix du Bail de ladite Terre de Belle-Isle sera payé pendant les six années du Bail general des Domaines fait audit Desboves, qui finiront au dernier Decembre 1738. & le prix des trois années suivantes à son successeur dans ladite Ferme Generale desdits Domaines & autres Fermes Unies, &c.

Du mois de Fevrier 1731.

" Ordonnance du Roi, *registrée en Parlement le 9. Mars 1731.* pour fixer la Jurisprudence sur la nature, la forme, les charges ou les conditions des Donations. *contenant quarante-sept articles,*

Du 13. Fevrier 1731.

Arrest du Conseil, qui ordonne que les Quittances comptables des Tresoriers Payeurs des Charges assignées sur les Fermes-Unies, des Receveurs Generaux des Domaines pour gages d'Officiers, Charges locales, frais de Justice, & réparations de l'annnée 1728. retirées dans les Provinces par les Sous-Fermiers & Commis de Pierre Carlier, Adjudicataire general desdites Fermes-Unies, qui sont controllées par des

Commis & perſonnes dont les qualités ne ſont point juſti-
fiées, ce qui pourroit faire de la difficulté, tant dans l'Etat
au vrai, que dans le compte que ledit Carlier doit rendre au Conſeil & en la Chambre des Comptes, du prix de
ſon Bail de l'année 1728. ſeront regiſtrées au Controlle general des Finances, encore que le temps preſcrit par les Reglemens, & notamment par la Declaration du Roi du 6.
Mars 1716. ſoit expiré, à condition que leſdites quittances
ſeront remiſes au Bureau dudit Controlle general des Finances dans un mois du jour de la datte dudit Arreſt, &c.

Du 13. Fevrier 1731.

Arreſt du Conſeil, qui fait défenſes aux Officiers de l'Election de Langres, de conoître de la rebellion faite par pluſieurs
Habitans du lieu de Beſmont aux Employés de la Ferme generale le 11. Octobre 1729. au ſujet de la ſaiſie faite par leſdits
Employés, d'une Voiture à trois chevaux, chargée de deux
demi-muids, & une feuillette de Vin conduite par un particulier à eux inconnu, à peine de nullité, caſſation de Procedures,
& de tous dépens, dommages & interês, & ordonne que le
Procès encommencé pour raiſon de ce par les Officiers des
Traittes de ladite Ville, ſera continué juſqu'à Sentence dif-
finitive incluſivement, ſauf l'appel en la Cour des Aydes, &c.

Du 17. Fevrier 1731.

* Declaration du Roi, regiſtrée en Parlement le 9. Mars 1731.
portant Reglement ſur les Inſinuations & les Donations;
contenant ſept articles.

Du 17. Fevrier 1731.

* Arreſt du Conſeil, concernant le deſſechement des Marais, qui renvoye au Bureau du Commerce le Sieur Prince
de Talmond & autres Proprietaires des Marais à deſſecher,
dans les Paroiſſes d'Angle, la Tranche & Moric en Poitou,
la Dame de la Taſte & ſes Aſſociés, pour raiſon de leurs prétentions reſpectives, à l'occaſion du deſſechement deſdits
Marais, circonſtances & dépendances, pour ſur l'avis des
Sieurs Commiſſaires dudit Bureau du Commerce, être fait
droit

droit par Sa Majesté, ainsi qu'il appartiendra ; en consequence, fait défenses ausdites Parties de proceder ailleurs, à peine de nullité, caffation de procedures, & de tous dépens, dommages & interefts.

Du 20. Fevrier 1731.

Arreft du Conseil, qui décharge Loüis Bourgeois, Adjudicataire des Fermes Generales, de l'Affignation à lui donnée à la requefte des Veuve & heritiers du Sieur Monicart Prefident, Treforier de France au Bureau des Finances de Metz le 18. Avril 1730. pour raifon des Gages intermediaires de l'Office dont ledit Sieur Monicart étoit pourvû ; ordonne que ledit Bourgeois & Carlier fon succeffeur ausdites Fermes Generales, joüiront chacun pour ce qui les concerne defdits gages, & ce à compter du premier Juillet mil fept cens vingt jufqu'au jour de la reception du fucceffeur dudit feu Sieur de Monicart audit Office, fans que les Veuve & heritiers dudit feu Sieur de Monicart ni autres, puiffent rien prétendre ausdits gages intermediaires, attendu le défaut de reception dudit feu Sieur de Monicart ; ordonne en outre que la fouffrance mise fur le compte du Sieur Dupin, Receveur General des Finances de la Generalité de Metz de l'année 1727. à l'Article des gages dudit Office de Premier Prefident du Bureau des Finances de Metz, faute de Quittance des Officiers du Bureau, fera levée fans frais, & ledit Article de dépenfe rétabli & alloüé fur la Quittance dudit Sieur Pierre Carlier, ou de fon Prépofé, & que pour l'execution d'icelui toutes Lettres neceffaires feront expediées, fi befoin eft, &c.

Du 26. Fevrier 1731.

* Arreft du Conseil, portant Reglement general pour la Navigation & usage de la Riviere de Biévre, dite des Goblins, depuis fa source jufqu'à fa décharge dans la Riviere de Seine, *contenant foixante-fept articles.*

Du 27. Fevrier 1731.

* Arreft du Conseil, qui ordonne que les Edits des mois

de Decembre 1701. & Decembre 1717. Declarations &
Arrêts rendus en consequence, seront executés selon leur
forme & teneur ; ce faisant, que les Proprietaires par acquisition, succession en ligne directe ou collaterale, ou
par quelque autre Titre translatif de proprieté que ce puisse
être, des Fiefs, Terres, Seigneuries, & autres fonds & heritages, tant Nobles que Roturiers, mouvans & relevans
notoirement & constamment de la Directe de Sa Majesté &
de ses Domaines, soit qu'ils soient en ses mains, ou qu'ils
soient engagés, seront tenus de faire ensaisiner leurs Titres,
ou s'ils n'ont point de Titres, de faire enregistrer leurs Declarations dans le temps & en la maniere portée par lesdits
Edits, Declarations & Arrêts, & d'en payer les Droits aux
Receveurs & Controlleurs Generaux des Domaines, sans que
lesdits Receveurs & Controlleurs puissent exiger lesdits ensaisinemens & enregistremens, & les Droits qui y sont attribués,
de ceux qui possedent leurs biens dans la directe & mouvance des Seigneurs particuliers, conformément à l'Arrest du
Conseil, du 5. Decembre 1730.

Du mois de Mars 1731.

* **Lettres Patentes du Roy,** *registrées en la Chambre des Comp-*
tes de Paris le 20. Mars 1731. portant ratification & confir-
mation de l'Echange fait entre le Roy & Charles-Loüis-
Auguste Foucquet, Comte de Belle-Isle, de la Terre, Sei-
gneurie & Marquisat de Belle-Isle en mer, contre quelques
portions des Domaines de Sa Majesté.

Du 20. Mars 1731.

* Arrest du Conseil, qui condamne les Religieux Carmes de
la Ville de Ploermel, à payer au Sieur Caramant, Sous-
Fermier des Droits d'Amortissement en la Province de Bretagne, la somme de cent soixante-six livres treize sols quatre
deniers, pour le Droit d'Amortissement de la somme de
mille livres à eux leguée par le Testament de la Demoiselle
Perine le Cadre de Chamoiseau du 18. Novembre 1718.

Du 25. Mars 1731.

Lettres de Relief de surannation des Lettres Patentes obtenuës par Madame la Marquise de Lambert le 17. Mai 1729. sur un Arrest du même jour, pour la faire joüir annuellement d'une rente viagere de dix-sept cens livres, assignée sur les Domaines de Languedoc, pour lui tenir lieu de la joüissance des Droits de Coup & de Leudes de Castelnaudary, à elle alienés à vie, & depuis réünis au Domaine de Sa Majesté, lesdites Lettres *registrées en la Chambre des Comptes de Paris le 13. Avril* 1731.

Du 6. Avril 1731.

* Lettres Patentes, *registrées en Parlement le 13. Juin* 1731. qui ordonnent la Coupe & Repeuplement en Bois, des Parcs de Limours & de Vincennes, aux charges, clauses & conditions y portées.

Du 17. Avril 1731.

* Arrest du Conseil, qui ordonne que la Requête de M. le Prince de Talmond, & des autres Proprietaires des Marais à dessécher dans le Bas-Poitou, sera communiquée à la Dame de Lambert, veuve du Sieur de la Taste, & à ses Associés, pour y fournir de réponse dans quinzaine, sans préjudice neanmoins de l'execution des Arrests obtenus par ladite Dame & ses Associés, pour le desséchement desdits Marais.

Du 18. Avril 1731.

* Instruction aux Employés à la régie des Aydes, sur les Droits de Controlle d'Exploits, Droits Reservés & Petit-Scel, & autres qui peuvent être dûs sur les Actes & Expeditions de procedures concernant les Fermes.

Du premier May 1731.

Arrest du Conseil, portant alienation à vie, à commen-

cer du premier Janvier 1731. au Sieur Comte de Belle-Isle,
Meftre de Camp General des Dragons de France , & au
Sieur Marquis de la Fare , Commandant en Languedoc , des
Domaines ci-après ; fçavoir audit Sieur Comte de Belle-Isle,
des Domaines de Mont-Rozier , Segur-Guges , Camboulas
& commun de paix de Severac , du Domaine de la Monta-
gne du Trap , & du Domaine de Villefranche , non compris les Greffes , & des Droits de Lods & Ventes en dépendans , à quelques fommes que les Terres qui y font fujettes
foient vendues , felon & ainfi que les Sous - Fermiers ont
droit d'en joüir , lefdits Domaines fitués dans la Generalité
de Montauban ; & audit Sieur Marquis de la Fare , du Domaine de Villeneuve & Saint-Aubin , & du Domaine de
Muret & fes Boucheries , non compris le Moulin , & des
Droits de Lods & Ventes en dépendans , & ce pour leur
tenir lieu de toutes les Finances aufquelles ont été liquidées
les Charges Municipales par eux acquifes , & autres de-
mandes & prétentions generalement quelconques pour raifon de ce : Ordonne en confequence , qu'en remettant au
Sieur Gruyn , Garde du Tréfor Royal , des Recepiffés du
Tréfor Royal deftinés à être convertis en rentes fur les Tail-
les jufqu'à la concurrence de deux cens quarante-fix mille
foixante-treize livres , il leur fera expedié des Quittances de
Finance pour joüir defdits Domaines ; fçavoir , audit Sieur
de Belle-Isle une de cent quarante-un mille foixante-treize
livres , & au Sieur de la Fare une autre de cent cinq mille
livres, fur lefquelles Quittances il leur fera paffé par les Sieurs
Commiffaires députés pour l'alienation des Domaines à chacun un Contrat de vente des Domaines ci-deffus , foit en
leur nom , ou de telles perfonnes qu'ils indiqueront , pour
en joüir pendant la vie de ceux au profit de qui lefdits Contrats feront paffés , avec toutes circonftances & dépendances
defdits Domaines , ainfi qu'en joüiffent & ont droit de joüir
les Fermiers des Generalités d'Auch & les Montauban , fans
aucune autre exception ni referve , & fans qu'il foit befoin , pour paffer lefdits Contrats , d'aucune publication , tous
lefquels Domaines reviendront à Sa Majefté après le décès
defdits Engagiftes. Ordonne que conformément à l'Etat qui

a été remis & signé par les Sous-Fermiers des Domaines, lequel restera annexé à la minutte dudit Arrest, il sera fait diminution ausdits Sous-Fermiers de la somme de huit mille livres par chacun an, sur le prix de leur Sous-Ferme, par le Fermier General, auquel il en sera renu compte par Sa Majesté sur le pied de son Bail, à commencer en l'année 1731.

Du premier Mai 1731.

* Arrest du Conseil, qui ordonne que les Adjudicataires des Bois de la Commanderie d'Amboise, seront tenus de remettre ès mains du Receveur General des Domaines & Bois de la Generalité de Tours, le prix des Balivaux de ladite Commanderie vendus au mois de Juin 1728. en vertu de l'Arrest du 11. Mai 1727. pour en être le tiers revenant à Sa Majesté, à cause de son Droit de Segrerie dans lesdits Bois, & les quatorze deniers pour livre, employés par ledit Receveur General, ainsi que les autres deniers de sa recette; & les deux autres tiers au profit de l'Ordre de Saint Jean de Jerusalem, ainsi qu'il sera par Sa Majesté ordonné, conformément audit Arrest, & que le prix des Taillis vendus en vertu dudit Arrest, sera remis par les Adjudicataires ès mains du Commandeur de ladite Commanderie, pour être par lui employé à son profit, comme faisant partie de son revenu ordinaire.

Du premier Mai 1731.

* Arrest du Conseil, qui ordonne l'execution de ceux dudit Conseil des 21. Septembre 1671. 21. Avril 1705. & 20. Juin 1730. & en consequence, que dans un mois, sans espérance d'autre délai, les possesseurs & détempteurs des Echopes & Bâtimens adossés à la Halle aux Draps, seront tenus de rapporter devant M. Herault, Conseiller d'Estat, Lieutenant General de Police, tous & un chacun leurs Titres, tant de l'alienation des Places que de la construction, proprieté & joüissance des Echopes adossés à la Halle aux Draps, pour par les Gardes de la Draperie en prendre communication, & être ensuite procedé à la visite ordonnée par lesdits Arrests,

finon ledit tems paffé , que lefdits Terrains ; Echopes &
Bâtimens , feront & demeureront réünis au Domaine de Sa
Majefté, fans que lad. peine puiffe être reputée comminatoire,
Sa Majefté enjoignant expreffément à fes Receveurs des
Domaines , après ledit délai expiré, de paffer des Baux
defdits Echopes & Bâtimens, à la charge par eux d'en comp-
ter en la maniere accoutumée.

Du 13. *Mai* 1731.

* Arreft du Confeil , concernant le deffechement des Marais du Bas-Poitou ; déboute le Prince de Talmond & Con-
fors , Proprietaires defdits Marais , des oppofitions par eux
formées aux Arrefts des 16. Janvier 1723. 15. Aouft 1724.
7. Mai & 25. Septembre 1725. & 12. Mars 1726. & le
Sieur de Montournois de fon intervention , à l'occafion du
tort qu'il prétend être fait à fon Port de Saint Benoift ; ordonne que lefdits Arrefts , & tout ce qui a été fait en confequence auront leur entiere execution en faveur de la Dame
Lambert , veuve du Sieur de la Tafte, & fes Affociés au def-
féchement defdits Marais.

Du 15. *Mai* 1731.

* Arreft du Confeil , qui fans s'arrêter à l'appel interjetté
au Parlement de Metz par les nommés Henri la Pierre , Jean
Marc , François Cochard , Habitans d'Avioch , poffeffeurs
d'heritages par eux acquis dans les Domaines & Cenfives de
Sa Majefté , & par les Officiers de l'Hôtel de Ville de Montmidy, & de Chavency-le-Château , dont ils font déboutés ;
ordonné l'execution des Edits , Declarations & Reglemens,
& de la Sentence des Officiers du Bureau des Finances de
Metz , rendüe en conformité le 13. Fevrier 1731. ce faifant
que tous poffeffeurs de biens tenus en Fief ou en Cenfive de
Sa Majefté , feront enfaifiner & enregiftrer les Titres , Contrats & autres Actes , en vertu defquels ils poffedent actuellement les biens fitués dans la Mouvance & Directe de Sa
Majefté , & en payeront les Droits attribués aux Receveurs
& Controlleurs Generaux des Domaines & Bois , par les

Edits de Decembre 1701. & Decembre 1717. Deboute lefdits Habitans de leurs oppofitions à la contrainte contre eux décernée, les condamne de porter au Bureau de Montmidy les Contrats mentionnés en ladite Contrainte; & pour le refus qu'ils en ont fait, les condamne aux dépens adjugés par icelle.

Du 15. Mai 1731.

Arreft du Confeil, qui deboute François Legras, Sous-Fermier des Domaines & Droits y joints dans la Ville & Generalité de Paris, de l'oppofition par lui formée à celui du 16. Aouft 1729. portant que les Sieurs Maffon, Neyret & Mauzeran, étant aux droits de Charles Ifambert, Dufauffoy & Paul Manis précedens Fermiers Generaux defdits Domaines, en confequence de differens Traités paffés entre eux, lui compteront de la Recette qu'ils ont fait depuis le premier Janvier 1717. de toutes les amendes arbitraires & de condamnations prononcées pendant le tems de leurfdits Traités, & qu'ils remettront les fommes qui en font provenuës, & ordonne que ledit Arreft dudit jour 16. Aouft 1729. fera executé felon fa forme & teneur, & que conformément à icelui, lefdits Sieurs Maffon, Neyret & Mauzeran, feront tenus de rendre compte à Loüis Bourgeois, Fermier General, de toutes les fommes provenantes defdites amendes arbitraires & de condamnations, prononcées pendant le tems de leurfdits Traités, dont ils ont fait le recouvrement, jufqu'au premier Octobre 1726. &c.

Du 18. Mai 1731.

* Declaration du Roi, *Regiftrée au Parlement de Befançon le 5. Juillet* 1731. qui ordonne que les Ecclefiaftiques & autres gens de Main-morte ne pourront acquerir dans le Comté de Bourgogne aucuns biens fonds, en Fief ou en Roture, fans en avoir obtenu la permiffion par des Lettres Patentes, & aux autres charges, claufes & conditions portées par ladite Declaration, *contenant dix-neuf articles.*

Du 26. Mai 1731.

* Lettres Patentes du Roi, *regiſtrées au Parlement le* 13. *Juin* 1731. qui ordonnent la Vente & Adjudication au plus offrant & dernier encheriſſeur, de huit parties de Bois, montant à la quantité de deux cens treize arpens dépendant du Domaine de Verſailles, à prendre tant dans la Forêt & Parc de Marly, que dans les grands & petits Parcs de Verſailles, avec le tiers ou environ des vieux Chênes & Châtaigniers qui ſont dans partie deſdits Bois, & être le prix de ladite adjudication mis ès mains du Sieur Liard Commis en la Recette deſdits Domaines & Bois, pour par lui en compter au profit de Sa Majeſté.

Du 28. Mai 1731.

* Arreſt du Conſeil d'Eſtat Privé, qui fait défenſes aux Officiers de la Senéchauſſée & Siege Preſidial de Bordeaux, de troubler les Preſidens, Treſoriers de France, du Bureau des Finances de la même Ville, dans le droit de les précéder, tant en corps qu'en particulier, en tous lieux & en toutes Aſſemblées generales & particulieres, ſoit lors des paſſages des Princes & Princeſſes dans la Ville de Bordeaux, ou autrement, à peine de trois mille livres d'amende, dépens, dommages & intereſts, & qui condamne les Officiers de la Senéchauſſée & Siege Preſidial aux dépens, liquidés à 200. livres.

Du 29. Mai 1731.

Reſultat du Conſeil, portant Bail à Pierre Carlier, & à Nicolas Desboves, des Droits Domaniaux & autres établis & à établir dans la Principauté d'Orange réünis à la Couronne par l'échange fait avec M. le Prince de Conty le 23. Avril 1731. aux prix, charges, clauſes & conditions y portées.

Du 29. Mai 1731.

Arreſt du Conſeil, & Lettres Patentes, qui exemptent de

tous

tous Droits les Marchandiſes & Denrées qui paſſeront de la Principauté d'Orange dans le Dauphiné, & réciproquement celles qui paſſeront du Dauphiné dans la Principauté d'Orange. Ordonnent qu'il ſera établi dans la Ville d'Orange un Grenier dans lequel le ſel y ſera vendu & diſtribué aux Habitans de la Principauté, au prix qu'il eſt délivré aux Habitans du Dauphiné dans le Grenier d'Avignon, ſuivant la fixation portée par l'Etat arrêté au Conſeil le 19. Aouſt 1726. Qu'il ſera pareillement établi des Bureaux pour la levée & perception, dans ladite Principauté d'Orange & dépendances, des mêmes Droits qui ſe levent actuellement dans le reſte de la Province de Dauphiné au profit de Sa Majeſté, & qui ſont compris dans le Bail general des Fermes-Unies, fait à Pierre Carlier; à l'effet de quoi les Edits, Declarations, Arreſts & Reglemens concernant leſdits Droits, & ceux de la Ferme du Tabac, ſeront executés dans l'étenduë de ladite Province, &c.

Du 29. Mai 1731.

Arreſt du Conſeil, qui ordonne qu'en attendant l'expedition, Sceau & Enregiſtrement où beſoin ſera, du Reſultat du même jour, Pierre Carlier & Nicolas Desboves, Adjudicataires des Fermes Generales de Sa Majeſté, joüiront ſucceſſivement des Domaines & Droits Domaniaux de la Principauté d'Orange & dépendances contenus dans le Bail paſſé le 26. Septembre 1723. par Loüis-Armand de Bourbon, Prince de Conty à M. Loüis Crozat, & encore des Gabelles & autres Droits qui ſe levent dans l'étenduë de la Province de Dauphiné au profit de Sa Majeſté, & qui ſont compris dans les Baux generaux des Fermes-Unies faits auſdits Carlier & Desboves pour le temps mentionné audit Reſultat; veut que leſdits Droits ſoient payés auſdits Carlier & Desboves, leurs Sous-Fermiers, Procureurs, Commis & Prépoſés, aux Bureaux pour ce établis & à établir, à quoi faire les débiteurs ſeront contraints par les voyes ordinaires pour les deniers & affaires de Sa Majeſté, & que leſdits Carlier & Desboves pourvoyent à tout ce qu'ils eſtimeront neceſſaire pour l'entiere & paiſible joüiſſance deſdits Droits, & enjoint au Sieur Intendant & Commiſſaire départi dans la Province de Dauphiné, & aux Juges ordinaires des Fermes, de mettre en poſſeſſion deſdits Droits leſdits Carlier & Desboves, leurs Sous-Fermiers, Procureurs & Prépoſés, & de tenir la main à l'execution d'icelui, nonobſtant toutes oppoſitions ou appellations, dont ſi aucunes interviennent, Sa Majeſté s'en réſerve la connoiſſance & à ſon Conſeil, & a icelle interdit à toutes ſes Cours & autres Juges, &c.

Du 29. Mai 1731.

*   Arreſt du Conſeil, qui Commet le Sieur Jacques-Loüis de Lalande, pour en la place du Sieur le Pere, & en execution de l'Arreſt du Conſeil du 13. Mai 1724. recevoir ſur les recepiſſés de ceux qui ſe rendront Adjudicataires des Domaines de Sa Majeſté, à titre de revente, le ſol pour livre qui doit être par eux payé du montant du capital, ſur le pied du denier trente des rentes, à la charge deſquelles la revente deſdits Domaines ſera faite, en donnant par lui caution, & faiſant ſa ſoumiſſion au Greffe du Conſeil; & lui accorde un ſol pour livre ſur le montant de ſa recette, pour lui tenir lieu d'appointemens.

Du 29. Mai 1731.

*   Arreſt du Conſeil, concernant le deſſeichement des Marais des Moric en bas Poitou; déclare les ſieurs de Gabaret, Gaborit & conſorts, non-recevables & mal-fondés dans l'appel par eux interjetté de deux Ordonnances du ſieur Intendant de Poitiers des 18. & 20. Septembre 1730. renduës ſur les prétentions reſpectives tant deſdits ſieurs Gabaret, Gaborit & Conſorts, que des autres Aſſociés dudit Sieur Gabaret pour raiſon de l'execution des Traités, Engagemens, & Déliberations par eux priſes à l'occaſion des deſſeichemens des Marais en queſtion; & ordonne que leſdites Ordonnances ſeront executées, & condamne ledit Sieur de Gabaret en trois mille livres de dommages & intereſts envers la Dame de la Taſte & ſes Aſſociés au deſſeichement deſdits Marais.

Du 30. Mai 1731.

* Inſtruction ſur ce qui doit être obſervé pour la diſtribu-
tion, & ſur la forme de tenir les Regiſtres particuliers qui
doivent ſervir à l'Enregiſtrement des donations entre-vifs,
conformément à la Declaration du Roi du 17. Fevrier 1731.

Du 19. Juin 1731.

* Arreſt du Conſeil, qui confirme la Juriſdiction des Eaux
& Forêts ſur les Prés, Marais, Pâtis, Communes, Landes
& ſeconde herbe, qui appartiennent aux Communautés; fait
défenſes aux Officiers de la Juriſdiction ordinaire du Vicomté
d'Auge, d'en prendre connoiſſance, à peine de nullité, caſſation de procedures, & aux Parties de s'y pourvoir, à peine
de cinq cens livres d'amende, & de tous dépens, dommages & intereſts.

Du 19. Juin 1731.

* Arreſt du Conſeil, qui ſubroge Charles de Villiers, au lieu
& place de Pierre Broſſart, pour la Regie & Exploitation de
la Sous-Ferme des Domaines, Controlle des Actes & Droits
y joints de la Generalité de Tours, pour le temps qui reſte
à expirer des ſix années du Bail fait audit Broſſart.

Du 19. Juin 1731.

* Arreſt du Conſeil, qui réünit au Domaine de Sa Majeſté
le droit de Bac établi à Roane ſur la Riviere de Loire, &
décharge le ſieur Comte de la Feüillade, des condamnations
contre lui prononcées par les Arreſts du Conſeil des 13. Juin
1730. 27. Février & 6. Mars 1731.

Du 23. Juin 1731.

* Declaration du Roi, *regiſtrée au Parlement de Roüen le* 17.

Juillet 1731. Portant Reglement fur les alienations ou acquifitions faites par Actes féparés, de la proprieté des Fiefs & Domaines non Fiefez, fituez en Normandie, tant par rapport aux Droits de Sa Majefté & des Seigneurs particuliers, que du retrait lignager & féodal, *contenant fept articles.*

Du 26. Juin 1731.

*   Arreft du Confeil, qui ordonne que toutes les Requêtes qui feront préfentées par les Vaffaux de Sa Majefté, foit pour faire recevoir leurs foi & hommages, aveus & dénombremens, foit pour obtenir main-levée des pourfuites féodales, feront communiquées aux Receveurs Generaux des Domaines & Bois de la Generalité de Tours, ou à celui de leurs Commis qui fera porteur de leur Procuration fpeciale, enregiftrée au Bureau des Finances, faifant pour cet effet fa réfidence en la Ville de Tours, & que lefdites Requeftes ne pourront être jugées audit Bureau, ni même fur icelles les Conclufions des Gens du Roi données, que fur les réponfes ou confentemens du Receveur General en exercice, ou de fon Commis, qui feront tenus de fournir leurs dires fans aucuns frais ni droits, & ce dans la huitaine du jour de la communication qui leur aura été faite.

Du 3. Juillet 1731.

*   Arreft du Confeil, par lequel Sa Majefté déclare n'avoir entendu comprendre dans les Tarifs & Reglemens concernans les Droits de Controlle des Actes des Notaires, les Reconnoiffances des Rentes Seigneuriales qui fe font aux tenuës des Gages-Pleiges ou Affifes qui fe tiennent annuellement dans les Jurifdictions Seigneuriales de la Province de Normandie, & fait défenfes aux Sous-Fermiers des Droits de Controlle des Actes de ladite Province, de rien exiger à l'avenir pour raifon defdites Reconnoiffances.

Du 5. Juillet 1731.

* Arreſt de la Cour de Parlement de Normandie , qui ſur un appel comme de griefs & d'incompétence, d'une Sentence renduë par les Officiers de la Maîtriſe d'Alençon , revoye les Parties proceder au Siege general des Eaux & Foreſts de la Table de Marbre du Palais , au prejudice des Officiers du Bailliage de Falaiſe , ſur le fait d'un curage de ruiſſeau , ou cours d'eau , provenant de pluſieurs Fontaines.

Du 17. Juillet 1731.

* Arreſt du Conſeil , qui révoque la Commiſſion établie par les Arrêts des 13. Aouſt 1726. & 1. Aouſt 1730. & regle la forme qui doit être obſervée pour l'execution de l'Edit du mois de Mai 1716. concernant les amendes des Eaux & Forêrs, *contenant dix articles.*

Du 24. Juillet 1731.

* Arreſt du Conſeil , qui ordonne qu'en execution des Arrêts du Conſeil , des 21. Novembre 1719. & 18. Fevrier 1720. & à la diligence de François la Combe , les poſſeſſeurs de tous les Domaines , Juſtices , Seigneuries , & Droits Domaniaux de la Province de Franche-Comté , qui en joüiſſent en conſequence des alienations qui leur ont été faites depuis l'année 1674. moyennant finance ou autrement , repreſenteront leurs Titres de proprieté , pour être procedé à la liquidation de leurs finances , & enſuite à leur rembourſement en deniers comptans , &c.

Des 14. Janvier 1698. 10. Janvier & 26. Mai 1725. & 27. Juillet 1731.

* Declarations du Roi , portant Reglement pour empêcher la fraude & les abus qui ſe pratiquent en Normandie par des ventes ſeparées & ſucceſſives du Fief & du Domaine utile de

la même Terre, au préjudice des Droits du Roi & de ceux des Seigneurs de Fief & des parens lignagers.

Du 28. Juillet 1731.

* Jugement Souverain, rendu par M. de Levignen Intendant de la Generalité d'Alençon & MM. les Officiers du Présidial de ladite Ville ; qui déclare le nommé Charles Lavigne Sergent de la Paroisse de Treon, Election de Verneüil, atteint & convaincu d'avoir faussement & malicieusement fabriqué de faux Controlles d'Exploits : Pour punition de quoi, a été condamné de faire amende honorable, & être appliqué au Carcan avec un Ecriteau devant & derriere, où ces mots seroient inscrits : *Faussaire public* ; en outre de servir le Roi sur ses Galeres en qualité de Forçat à perpetuité, &c. Et qui condamne Guillaume Marie Notaire & Procureur Fiscal de la Paroisse d'Aunay-sous-Couvé, à être blâmé à l'Audience, comme complice dudit Lavigne, en cent livres d'amende envers le Roi, &c.

Du 21. Août 1731.

* Arrêt du Conseil, qui permet, pour cette fois seulement, de faire controller jusqu'au dernier Decembre 1731. les Declarations & Reconnoissances aux Papiers Terriers qui ont été passées enterieurement, encore que les délais fixés par les Reglemens soient expirés, au moyen duquel Controlle & du payement des Droits, lesdits Actes auront le même effet que s'ils avoient été controllés dans les tems prescrits par les Reglemens, & après lequel jour dernier Decembre lesdites Declarations & Reconnoissances qui n'auront pas été controllées, demeureront nulles & de nul effet, & les Notaires ou autres personnes publiques qui les auront reçuës, & les Parties qui les auront passées seront condamnées aux peines & amendes portées par l'Arrêt du 25. Juillet 1724.

Du 21. *Août* 1731.

Arreſt du Conſeil , qui déboute la veuve du feu de Malezieux , vivant Receveur General & Particulier des Domaines & Bois du Hainault , de ſa Requête; ordonne que conformément aux Declarations des 22. Decembre 1726. & 3. Fevrier 1728. le fonds des Gages intermediaires des Offices de feu ſon mari , à compter du jour de ſon décès juſqu'à celui de la reception de ſon fils , ſera payé & remis à Loüis Bourgeois & Pierre Carlier , ſucceſſivement Adjudicataires des Fermes Generales auſquels ils appartienent , en vertu de leurs Baux , ſuivant & comme leſdits Gages intermediaires ſe trouveront employés dans les Etats de Sa Majeſté ; à ce faire le ſieur Leclerc , Commis par Arrêt du Conſeil à l'exercice des Offices dudit feu ſieur de Malezieux , & tous autres Dépoſitaires contraints par les voyes , & ainſi qu'il eſt ordonné pour le recouvrement des deniers Royaux ; quoi faiſant , ils en ſeront bien & valablement quittes & déchargés ; & veut que les Quittances que leſdits Bourgeois & Carlier ou leurs Procureurs & Commis leur fourniront du montant deſdits Gages , ſoient paſſées & alloüées en dépenſe aux Chambres des Comptes & ailleurs , ſans difficulté , en vertu d'icelui , ſur lequel toutes Lettres neceſſaires ſeront expediées , ſi beſoin eſt , &c.

Du 22. *Août* 1731.

* Ordonnance des Prevôt des Marchands & Echevins de la Ville de Paris , qui condamne Loüis-Felix Girardin , Maître Charpentier , en trois mille livres d'amende , applicable au profit de l'Hôpital General , pour avoir ſans permiſſion , fait conſtruire un Bâtiment ruë Dagueſſeau , Fauxbourg S. Honoré ; ordonne que ledit Bâtiment ſera raſé , que le terrain & les materiaux ſeront réünis & confiſqués au Domaine du Roi , & declare ledit Girardin déchu de ſa Maîtriſe , ſans y pouvoir être rétabli par la ſuite.

Du 28. *Août* 1731.

* Arreſt du Conſeil, qui déboute la Dame de Kergroades de l'appel par elle interjetté de l'Ordonnance de M. l'Intendant de Bretagne du 16. Avril 1731. qui la condamne à payer le centiéme denier des biens à elle abandonnés pour l'aſſiete de ſes deniers Dotaux ; & ordonne que ladite Dame payera en outre le demi droit du centiéme denier des immeubles dont l'uſufruit lui a été abandonné pour ſûreté des trois mille livres de ſon Doüaire.

Du 31. *Août* 1731.

* Ordonnance des Prévôt des Marchands & Echevins de la Ville de Paris, qui condamne Michel Villot, Marchand de Bois, en trois mille livres d'amende, applicable au profit de l'Hôpital General, pour avoir fait conſtruire un Corps de Logis proche la Riviere, & plus bas que l'alignement de la rüe de l'Univerſité, & ſans permiſſion ; ordonne que ledit Bâtiment ſera raſé, les Materiaux confiſqués, & le Terrain réüni au Domaine du Roi.

Du 2. *Septembre* 1731.

* Arreſt du Conſeil, qui ſubroge Jean-Baptiſte Hermant au lieu & place de Jean-Thomas, pour le recouvrement des Droits d'Amortiſſemens, Francs-Fiefs, nouveaux Acquêts & Uſages ordonnés être perçus au profit de Sa Majeſté, en execution des Declarations des 5. Juillet 1689. 16. Fevrier 1694. 22. Novembre 1695. & 9. Mars 1700. & des Edits d'Août 1692. & Mai 1708.

Du 4. *Septembre* 1731.

Arreſt du Conſeil, qui accorde à Madame la Princeſſe de Conty, & aux Princes & Princeſſes ſes enfans, une ſomme de quatre-vingt mille livres par an, en attendant que l'é-
change

change de la Principauté d'Orange soit consommé, & ce à compter du premier Janvier 1731.

Du 4. Septembre 1731.

Arrest du Conseil, qui déboute le sieur Guilain François Lievains, Tresorier des Fortifications des Ville & Citadelle de S. Omer en Artois, de sa Requête ; ordonne que les Gages intermediaires de l'Office de Maître Particulier des Bois aux Maîtrises de Tournehem & S. Omer, dont étoit pourvû le feu Pierre Lutun, seront payés à Loüis Bourgeois & Pierre Carlier, successivement Adjudicataires des Fermes Generales, chacun pour ce qui le concerne, par le sieur Palisot d'Athis, Receveur General des Domaines & Bois de Flandres & Artois, sur les Quittances du sieur Jolibois Desblossieres, leur Préposé au recouvrement desdits Gages intermediaires, à Paris, à compter du décès dudit feu sieur Pierre Lutun, jusqu'à la reception dudit Lievains ; quoi faisant ledit Palisot d'Athis, bien & valablement quitte & déchargé, sinon & faute par lui de vuider ses mains desdits Gages, veut qu'il y soit contraint par les voyes & ainsi qu'il est ordonné par l'Arrêt du 25. Janvier 1729. &c.

Du 4. Septembre 1731.

* Arrest du Conseil, qui fait défenses à tous Maîtres de Forges, & aux Ouvriers & Forgerons qui y travaillent, de fabriquer, vendre ni débiter aucune Grenaille de fer, ou fonte de fer qui puisse tenir lieu de Plomb à tirer ; fait aussi défenses à toutes sortes de personnes de quelque qualité & condition qu'elles soient de se servir de Grenaille de fer ou fonte de fer qui puisse tenir lieu de Plomb à tirer, à peine de cent livres d'amende, qui demeureront encouruës contre chacun des contrevenans, & qui seront prononcées indépendamment de l'amende encouruë pour le fait de Chasse ; & ordonne que ceux des Maîtres de Forges qui auront vendu, débité ou donné, fait vendre, débiter ou donner de cette Grenaille ou fonte de fer par les Ouvriers par eux employés,

seront condamnés en trois cens livres d'amende ; comme garans & responsables des faits de leurs Ouvriers , outre les amendes fixées par les anciennes Ordonnances , & notamment par celle des Eaux & Forêts du mois d'Août 1669.

Du 11. Septembre 1731.

* Arrest du Conseil, qui ordonne que tous Possesseurs , à quelque titre que ce soit de biens tenus en Fief ou en Censive de Sa Majesté , tant dans la Ville de Vitry que dans tous autres lieux , seront tenus de faire ensaisiner les Contrats de leurs acquisitions , ou enregistrer les autres Titres de leur possession , de les faire controller dans les délais portés par les Reglemens , & de payer les Droits d'ensaisinement ou d'enregistrement , & de Controlle d'iceux.

FIN.